CB142410

COSACNAIFY

coleção MODA BRASILEIRA **REINALDO LOURENÇO**

[7] À MODA DO REI | Patricia Carta

À MODA DO REI PATRICIA CARTA

Reinaldo Lourenço, meu amigo estilista, bom amigo e bom estilista é também bom editor, embora pouca gente saiba disso. Volta e meia é convocado para "assinar" edições de *Vogue*, emprestando seu olhar sofisticado e surpreendente à tarefa de construir imagens que informam, fascinam e geram desejo. Sempre que nos faz uma visita, termina dando palpite nos editoriais, no que é ouvido atentamente por toda a equipe. Não sei ao certo se isso é talento nato ou se tem a ver com seu início de carreira, quando, antes de lançar a Reinaldo Lourenço, no final dos anos 1980, foi assistente de *styling* da equipe de Costanza Pascolato na revista *Claudia Moda*. Esse talento é fruto de sua intuição aguçada, senso de observação e raciocínio claro. São características que o ajudam a lapidar seu senso estético. Ele é um criador, por vocação e profissão.

Esse Reinaldo de hoje começou a ser delineado mais de vinte anos atrás. Nos anos 1980, recém-chegado a São Paulo, foi trabalhar como assistente da Gloria Coelho, hoje sua mulher. Na época, não eram nem namorados. Em seguida, fez o tal *pit stop* na Abril com Costanza. Depois, montou com a Zizi Carderari uma loja só de camisas. Foi só no fim da década que abriu sua marca de moda feminina, a Reinaldo Lourenço. Nós nos conhecemos quando instalou o *showroom* na rua Tucumã. Há pouco tempo na cidade, ele era o jovem estilista que causava *frisson*. Mal chegou em São Paulo e — tchibum! — mergulhou na turma certa. Certa e bem animada, diga-se! Bárbara Gancia, Conrado Malzoni, Rodolfo Scarpa, Emile Eddé, só para citar alguns. Reinaldo sempre foi assim: cercado das pessoas certas, no lugar certo e na hora certa. E, apesar do gênio no mínimo instável, tem carisma de sobra. É espontâneo, doce, fiel, interessante e leve. Ah, essa última característica me parece das melhores. Claro que quando acorda com a macaca não é tão leve assim, mas a sua mão sempre é, e isso lhe imprime elegância.

Desde o começo, seu estilo foi facilmente reconhecível. Com o tempo depurou e evoluiu. Nunca um *look* seu pareceu meio troncho, como pode acontecer com profissionais em formação. Sua roupa sempre teve qualidade, sempre foi bem-feita, sempre com a cara dele. Na sua fábrica no bairro de Pinheiros, em São Paulo, consegue acabamentos impecáveis, bordados sofisticadíssimos, além da ótima modelagem. Sua alfaiataria também é muito boa. E no Brasil isso não é fácil. Afinal, não temos essa cultura nem *know-how*, mas ele sabe. Sabe, exige e consegue. Faz e refaz, sem trégua. Seus paletós, *trenchs* e casacos são ótimos em qualquer tecido, inclusive no couro, que ele trabalha muito bem, no verão e no inverno.

As fotos que ilustram este livro são bons exemplos.

Repare no *trench* pele de cobra, de lapela larga, ombros no lugar e estreito nos quadris [p.47]. *Sexy*! E os casacos da coleção de inverno 2008 [p.14-7]? São puro desejo. Misturam couro e gabardine de lã de várias maneiras. As aplicações de sutache rebordado, debruns e barrados remetem ao *folk* dos anos 1970. A inspiração *western* poderia ser russa e se dilui na releitura urbana e sofisticada que privilegia o preto. Ainda na coleção deste inverno, o vestido sem mangas, justo no corpo e com saia godê, também de gabardine de lã, tem o corte dos anos 1950. Mas o tule usado para estufar a saia e os bordados em fio de couro e sutache distanciam o vestido do guarda-roupa de Audrey Hepburn e o transportam para um *saloon*.

A roupa de Reinaldo é clássica. Ele gosta de reler, transgredir, transformar, desconstruir. Mas a base se enxerga claramente. Os tecidos são nobres, e na cartela de cores sobressaem o branco, o preto, o cinza e o bege, ainda que toda coleção tenha também um pingo de cor vibrante. O *look* é preciso, limpo, determinado, severo. Mesmo nas peças muito elaboradas, rebuscadas, com elementos decorativos. Reinaldo adora elementos vazados, cadarços, tirinhas. Você vai ver aqui bons exemplos disso também. Vestidos só com o contorno dos laços que quase viram rendas *richelieu*. Tops, vestidos e golas feitos de tiras com efeitos suaves, românticos ou mais agressivos e fetichistas. A mistura desses elementos a peças de inspiração masculina também é um traço recorrente. Suas calças, aliás, são ótimas: atuais, novas e ao mesmo tempo clássicas, duram muito e vestem bem. Mas até as peças mais *sexys*, com fendas, vazados ou decotes, são sempre bipolares. Se mostram avantajadamente algumas partes, escondem outras. Mas nada a esmo. Tudo milimetricamente pensado e testado. Sua mulher *sexy* tem também um ar austero ou *hard* ou *punk* ou *rock*. Referências importantes da sua geração, aliás, da nossa, que estão presentes no seu trabalho.

Rei pensa em tudo, cria tudo. Sua roupa tem alma, nasce vestida, contextualizada. E esse contexto, claro, também é pensado por ele. Sua mulher costuma ser frágil como uma *gamine*, os cabelos são simples e lisos, e o *make* traz invariavelmente algo inesperado, no mínimo um batom contrastante. Os sapatos, salvo raríssimas exceções, são pesados.

Um look que resume tudo isso? Um vestido do verão 2008. Preto, longuete, colado no corpo e preso por duas alcinhas perto do pescoço que deixam os ombros nus. Todo o peito de flores aplicadas e, logo abaixo dele, um recorte de cada lado exibe as costelas [p. 25]. O excesso de pele à mostra é equilibrado pelo lenço preto que embrulha cabeça e pescoço e pelas sandálias abotinadas que cobrem os tornozelos. Um visual enxuto, graças a recursos de estilo que conferem ao *look* certo mistério, coisa que só um esteta é capaz de fazer. Não há no trabalho de Reinaldo possibilidade de uma sexualidade explícita, e o resultado é sempre atual, moderno, novo e elegante. No inverno de 2007, Reinaldo usou zíperes para costurar cavas, incrementar barrados, debruar casacos e vestidos [p. 30-1]. Corpos franzidos, pregueados, enteotados traziam como referência o *punk* e a época eduardiana. Um vestido de lã tropical cinza, curtinho e evasê, que você pode ver mais adiante neste livro, lembrava claramente a roupa dos *enfants* da *belle époque*. Mas os zíperes modificavam a leitura, assim como a calça *skinny* de couro usada com botas em vez da meia-calça preta e opaca que as crianças vestiam na época [p. 30]. Pode interpretação mais sensível?

Além do *rock*, do *punk*, Reinaldo adora um brechó. É lá que busca suas referências de época como a eduardiana, a *belle époque*, um período que o fascina. A fuzarca e liberdade dos anos 1920 também. É lá no meio do mofo que ele encontra uma gola imperdível ou uma bolsa com o bordado ideal que servirão de ponto de partida para uma coleção.

Apesar de a família de estilistas compartilhar o mesmo universo e ter interesses comuns, Gloria, Pedro e Reinaldo também fazem um jogo de esconde-esconde inofensivo e divertido. A casa Lourenço é um laboratório de idéias onde trabalho e lazer não se separam claramente, estão sempre criando. Reinaldo não gosta muito de afazeres práticos que o desviem do seu mundo lúdico. Ele raramente dirige, não gosta. Seu senso de direção inclusive, deixa a desejar. E forçou seu contato com o mundo tecnológico. No início, e-mails impressos chegavam a suas mãos. Depois passou a olhar a tela, enquanto alguém manipulava o teclado. Porém, recentemente, além das pilhas de papel sulfite, lápis e canetinhas, um laptop para cada um deles faz parte do kit básico de entretenimento e criação da família. Cada um no seu, com direito muitas vezes a amigos encarapitados. Reinaldo tem um lado caseiro, familiar, além de ser mundano, festeiro e festivo. Gosta de ficar em casa com seus apetrechos, um bom vinho e boa comida. Comida da Graça. Muitos pratos a Graça aprendeu em Paris, distinguindo os ingredientes pelo paladar. Era ela que cuidava do Pedro pequeno na Cidade Luz, enquanto Glória e Reinaldo fuçavam exposições, livrarias, feiras, araras e brechós. Paris é destino certo de Reinaldo, sempre. A passeio ou a trabalho. Mas, se os astros recomendarem, ele muda a rota.

Sim, os astros têm uma certa importância na sua vida. Atribui aos signos certos acontecimentos e algumas características pessoais. Uma consulta astrológica antes de datas importantes, julga uma boa cautela. Reinaldo é inteligente, portanto, contraditório. É curioso, interessado e supersticioso. Agora faz aulas de cabala e também se sente influenciado por isso, até responsabiliza a tal prática por determinadas condutas suas ou alheias. Mesmo assim, tem a essência católica, como foi criado. É uma mistura, mas acima de tudo é um gozador, divertido, não se leva nada a sério. Brinca com todas essas coisas e também se alimenta delas. Tem ânsia por novidades e descobertas. Caso contrário, pode ficar entediado. Enfim, tem o perfil dos artistas criativos.

Reinaldo não sossega, mesmo com tudo o que já foi conquistado. Agora é também empresário. Modesto, quando questionado, responde que é um aprendiz. Aprendendo ou não, é ele que toca a operação. E mérito não lhe falta para justificar os bons frutos que vem colhendo. Salve!

INVERNO 2008 TRAVELLERS COWBOYS

Azul-marinho, vermelho, cinza, bege, preto.

Gabardine de lã com seda, cetim de seda, couro, diagonal de lã e *mohair*, aplicações de paetês, franja de fita de cetim de seda pura, incrustação de couro com tule e gabardine de lã com motivos *cowboy*.

VERÃO 2007/08 JARDIM NEOCLÁSSICO

Vermelho, rosas, cinza, pele, branco, preto.

Cetim, ráfia, linho estampado com rosas, couro vazado, *tressê* de algodão com ráfia, aplicação de guirlanda de flores de *gazar* e cetim de seda, macramê com cristais, rosas de organza e cetim plissado.

INVERNO 2007 MAD MAX

Cinza, marrom, grafite, azul-marinho, charuto, *whisky*, preto.

Organza e couro de luva plissados e pregueados com costuras dividas por zíperes, gabardine de seda com lã e detalhes em zíper e couro, paetês de metal e cristais, *jacquard*, cetim, correntes.

VERÃO 2006/07 SONHO DE VALSA

Pink, azul, creme, *off-white*, preto.

microflores de paetês, cristais, estampa de zebra em cetim, *shantung* panamá, pétalas de flores de organza rebordada.

INVERNO 2006 PORNÔ

Vermelho, bege, pérola, preto.

Veludo, couro e algodão com estampa de serpente, tule e seda pura bordada com micropérolas negras, frufru de seda, couro de cobra, mil folhas de musselina.

VERÃO 2005/06 NOVA ONDA

Lavanda, hortência, *pink*, branco, preto.

Algodão, cambraia de algodão, bordado inglês estampado, babados de musselina, viés em cetim.

INVERNO 2005 ÓPERA ROCK

Bordô, grafite, cinza, dourado, preto.

Veludo, lamê dourado, musselina, *crepe de chine*, gabardine.

VERÃO 2004/05 TROPICAL DÂNDI

Vermelho, azuis, verdes, branco, preto.

Organza, gabardine de algodão, gabardine de lã, tricoline listrada.

INVERNO 2004 CENAS DE CAÇA

Bege, cinza, laranja queimado, preto.

Gabardine, jérsei, couro de avestruz, pele de coelho.

VERÃO 2003/04 HIP HOP & ROSES

Pink, pérola, vermelho, branco, preto.

Jérsei, cetim, rebites, verniz.

INVERNO 2003 SPACE ROCK

Pele, prata, *pink*, preto, branco.
Gabardine, jérsei, manta de tafetá de seda, zibeline bordada em *pied-de-coq* com cristais, neoprene, paetê.

VERÃO 2002/03 UMA TARDE EM SANTA TERESA

Cinza, rosê.

Algodão lavado, cambraia, *gazar*, gabardine, *twill* de algodão tinturado, tricô lavado, jérsei, aplicação de paetês de metal, bordados em linha.

INVERNO 2002 RENASCENÇA INDUSTRIAL

Azul, cinza aço, creme, preto.

Gabardine bordada, palha de seda e *jacquard*.

VERÃO 2001/02 TRIBAL ÉPOQUE

Vermelho, branco, preto.

Gabardine, *twill* de algodão bordado em galões e pastilhas de metal, fitas franzidas por elastano bordadas com canutilhos de metal, cambraia metálica com canutilhos e pastilhas.

INVERNO 2001 A FUGA

Pele, branco, preto.

Musselina, renda, feltro, jérsei de lã, pérolas de murano.

VERÃO 2000/01 POP

Pink, turquesa amarelo, salmão, roxo, branco, preto.
Cambraia estampada em *dégradé*, mil folhas de cambraia, aplicações de *gazar* recortado.

INVERNO 2000 VAMPIROS

Roxo, azul, rosa, *pink*, prata, vermelho, preto.
Camurça, *tweed*, gabardine de lã, couro, aplicações de jabô de camurça vazada.

INVERNO 1999 VISITA

Amarelo, vermelho, rosa velho, verde, branco, preto.
Feltro, musselina com estampa de silicone craquelado, manga-gola com aplicação de flores, *georgette* com estampa de silicone dourado.

VERÃO 1998/99 PEDRA

Vermelho, pedra, cinza, branco, preto.

Jérsei estampado com silicone com motivos de pedra em prata e pérola, triângulos de silicone prata, musselina metálica, musselina estampada com pedra.

REINALDO LOURENÇO E O DESEJO FATIMA ALI

Reinaldo deseja, tem vontade, necessita. É inquieto: olha, busca, examina; seu corpo se agita, senta, levanta, dá alguns passos, volta a sentar, vai até a outra sala, chama alguém, atende o telefone. Pega os alfinetes e faz a segunda prova em um tecido de tela que, na sua imaginação, será um vestido branco tomara-que-caia de *gazar* com o peito drapejado, de onde sairá um laço evasê. Fará quantas provas forem necessárias até o corte ficar impecável, o caimento perfeito, a execução primorosa, o conjunto sensual e, sobretudo, belo. Um vestido para despertar o desejo de qualquer mulher.

Para Reinaldo, este é um trabalho intenso que não tem sábado, domingo nem férias. "Quando pesquisa uma cor, por exemplo", diz Pedro Lourenço, seu filho de dezessete anos, também estilista, "sai às ruas procurando um determinado tom nas paredes, nas lojas, nos anúncios. Já aconteceu de achar o rosa que procurava em um pedaço de plástico jogado na calçada".

"Reinaldo tem uma antena parabólica voltada para o que vai acontecer na moda, diz Pedro. Na sua coleção verão 2003/04 introduziu as sandálias de gladiador que só apareceram nas coleções parisienses três anos depois."

Há mais de duas décadas a imaginação e o prazer de criar de Reinaldo Lourenço despertam o interesse de uma clientela formada por mulheres especiais: atrizes, editoras de moda, mulheres elegantes que viajam, conhecem o mundo e sabem o que querem.

Suas coleções estão nas capas das revistas e nas novelas da televisão. Era dele o vestido de quatro folhas de musselina creme rebordada de paetês da mesma cor, usado por Malu Mader na cena da briga com a personagem de Cláudia Abreu, o pico de audiência da novela *Celebridade*, em 2003. Igualmente, o vestido de casamento da personagem Júlia, vivida por Glória Pires na novela *Belíssima*, em 2004.

As mesmas características que servem de instrumento para seu trabalho cobram um alto preço do estilista. Seu comportamento apressado, o impulso de fazer várias coisas ao mesmo tempo e sua agitação interna prejudicam seu sono. Reinaldo dorme pouco. Tem idéias à noite e um bloco de anotações na mesa-de-cabeceira. É exigente demais para consigo próprio.

VONTADE DE CRIAR

A carreira de Reinaldo Lourenço começou em Presidente Prudente, no interior de São Paulo, sua cidade natal. Criança ainda, o futuro estilista queria vestir o que não se encontrava nas lojas locais. Já tinha estilo quando nem sabia o que era isso. Aos nove anos cismou com uma camisa com flores pequenas, ou seja, *liberty*, quando nem imaginava que existisse tal denominação para essa estampa. Ruth, a costureira que ia em sua casa, se irritava com aquele menino que dava palpites, queria ver a construção dos moldes e ajudar a cortar os tecidos.

Filho da professora Dirce e do diretor de escola, Reinaldo, o mais velho de três irmãos, Reinaldo Lourenço cresceu em um ambiente escolar.

Sua mãe estudou em colégio de freiras, aprendeu corte e costura, bordado e cuidados com a casa. O primogênito de dona Dirce desenhava suas próprias roupas, não demonstrava interesse pela educação formal, mas tinha verdadeira obsessão por saber. Desde cedo, revelou um grande sentido estético. Aprofundou-se em história da arte, sem saber o quanto isso lhe seria útil na futura profissão. Teve aulas de pintura e de escultura, aprendeu a desenhar naturezas-mortas com um professor japonês. Música? *Rock' n' roll*.

Quando aboliram o uniforme na escola em que estudava, ficou na maior felicidade. Estava livre para se vestir como queria. Criava suas roupas. Teve a fase do branco; da calça com estampa *pied-de-coq* branco e preto usada com uma camisa de gola *roulé* preta; da camisa de *laise*; vestiu um terno de linho cru no casamento de uma amiga; num certo momento, apaixonou-se pelo macacão, muito estranho naquele momento, naquela cidade. Dos anos 1950, influenciado por James Dean (1931-55) e Marlon Brando (1924-2004), adotou o preto com jeans, a calça justa com preguinhas, ou tudo preto; por fim, a fase dândi com camisas brancas, golas de laço e calças largas.

Aos dez anos, Reinaldo vendia lencinhos de cambraia pintados à mão por ele próprio ou com acabamento de ponto *à jour* feito pela mãe. Os amigos queriam comprar o que ele vestia. Aos quinze anos decidiu o que faria na vida: roupas. Queria ter uma marca e uma loja. Para começar, aos dezesseis anos montou a primeira loja no seu quarto. Aos dezessete, passou seu empreendimento para os fundos da loja de artigos infantis de uma amiga onde oferecia peças compradas em São Paulo, uma seleção "com a sua cara". Um ano depois, chegou à conclusão de que não queria vender roupas feitas por outros, queria criar as suas.

O jovem empreendedor tornou-se independente cedo. Aos dezesseis anos seu pai o emancipou. Em 1980, aos dezoito anos, mudou-se para São Paulo. Meses antes, em Presidente Prudente, havia sido convidado para uma festa, pela sua amiga Verane, onde também estava a estilista Gloria Coelho. Reinaldo ficou fascinado. "Ele não tirava os olhos de mim", diz Gloria. Com intermediação dessa amiga, conseguiu um estágio em seu ateliê.

Alugou um apartamento com dois amigos e, pela primeira vez, sentia o que era a liberdade de morar longe da família. Uma cidade enorme, um novo trabalho, o mundo da costura. Descobriu a noite — Rose Bombom, Madame Satã, música *underground*, ambiente *punk*, estilo e identidade. Era um observador.

No trabalho com Gloria Coelho, aprendeu a técnica de desenho de moda e entendeu, afinal, o que era ser estilista. Nos jornais, nas revistas e nos desfiles tomou conhecimento dos grandes costureiros. Primeiro costureiro pelo qual se apaixonou: Yves Saint Laurent (1936) e sua visão andrógina. Seu primeiro livro de moda, presente de um amigo, era sobre Dior (1905-57). A partir de 1984 se interessou pelo desconstrutivismo e assimetria, os novos ares.

Muita novidade para quem, até então, tinha como únicas referências de moda as revistas *Pop*, *Claudia* e *Burda*, de onde a mãe buscava referências para os modelos que mandava fazer.

CRESCIMENTO

Depois de um ano de trabalho na G, foi convidado por Costanza Pascolato para trabalhar como seu assistente na revista *Claudia Moda*. Fazia produção.

Não gostava das roupas que eram fotografadas, nem de carregar caixas e sacolas. Decidiu: queria ser estilista.

Montou, em sociedade com a editora de moda Zizi Carderari, a Camisaria São Paulo. Ele cuidava do design, ela da comercialização. Depois de um ano, vendeu sua parte e montou um *showroom* de moda masculina. Um dia, Costanza pediu a Reinaldo que fizesse um vestido para uma matéria que produzia para *Claudia Moda* sobre roupas que se transformam. Reinaldo foi até a rua 25 de Março, comprou chita e criou um pareô que podia ser usado como saia ou vestido. Em uma semana, recebeu encomenda de quase cem peças por telefone. Abandonou a linha masculina e passou a fazer somente coleções femininas. Suas primeiras clientes foram as editoras e produtoras de moda que conhecia do trabalho na G e na revista *Claudia*. Uma das primeiras lojas a se tornar sua cliente foi a Daslu.

Em 1984 casou-se com Gloria Coelho. Em 1990, nasceu seu filho, Pedro. No mesmo ano, abriu sua loja. Foi o primeiro estilista a se estabelecer na rua Bela Cintra. Mais uma vez, sua intuição não falhou. Dez anos depois, como todos sabem, a rua estava localizada no mais importante centro de moda de São Paulo.

INSPIRAÇÃO

A alma de Reinaldo é repleta de imaginação. Vamos entendê-la. Pode entrar. A porta está aberta. Ela mora em um ateliê cheio de luz dominado pelo branco e por janelas enormes. Estantes de livros e revistas, roupas penduradas em araras, um perfume no ar, um quadro com fotos das peças da coleção em andamento, outro com pedacinhos de tecidos, amostras de cores, desenhos e referências.

De onde vem a inspiração de Reinaldo? A um certo momento algo desperta sua atenção. Pode ser uma folha, o musgo na parede, a vida urbana, um drama, a atitude das pessoas, qualquer coisa, a qualquer momento. Ele vai atrás perseguindo sua curiosidade. Pesquisa, pergunta e consulta. Uma situação começa a tomar forma e tudo o que Reinaldo vê, sente, ouve, vive e experimenta, passa a se encaixar nesta idéia. Alguns códigos são decifrados e a criação se mostra. Prepare-se para uma viagem pelo seu imaginário.

Borboletas no museu: em 1997 Reinaldo levou seu filho Pedro para uma visita ao Jardin des Plantes em Paris. Trata-se de um jardim botânico aberto ao público, parte integrante do Museu Nacional de História Natural. Reúne milhares de animais dissecados como insetos, serpentes, répteis e mamíferos, além de uma área climatizada com a exposição de flores de todo o mundo. Reinaldo enlouqueceu com o brilho, o grafismo e a textura das asas dos insetos e o colorido das borboletas. Foi para a livraria do museu e comprou obras científicas sobre insetos, pedras e plantas.

Dez anos antes, havia criado uma coleção inspirada no surrealismo: grafismos, chapéus em forma de peixe e estampas de peixes que remetiam aos desenhos de Salvador Dalí (1904-89). Pois bem. Juntou essa idéia com imagens do Jardin des Plantes e desenhou a coleção de inverno de 1998.

Ópera rock: em uma de suas noites insones, sua imaginação deslocou-se para um teatro de ópera e forjou uma coleção com veludos, pingentes de cortinas, vestidos dramáticos e suntuosos para o inverno de 2005 [p. 58-63]. Uma estampa com o motivo dos veios do mármore das colunas de um grande teatro. Aplicada sobre essa estampa, o desenho de um lustre dourado com minúsculas lâmpadas bordadas com cristais e pérolas. Vestidos com panos que lembravam o franzido das cortinas. Cores quentes e dramáticas: vermelho escuro, bordô, ouro, preto e chumbo.

Os campos da infância: as fazendas, as criações de gado e os vaqueiros foram revividos na coleção inverno 2008 [p. 12-9]. O tema do *cowboy* esperava a vez havia tempo. Em Londres, Reinaldo comprou um livro de botas de *cowboys*. Logo depois, passou seu aniversário no deserto de Atacama, no Chile. Associou as duas coisas e decidiu que a mulher para quem a coleção seria feita viajava o mundo inteiro. Pesquisou tudo sobre o velho oeste e seus *saloons* e criou um *cowboy* moderno e colorido. Pesquisou sobre viagens, clima de avião e incluiu na coleção o conforto do *cashmere* com seda, *echarpes* quentinhas, um bom *manteau*.

Um dândi na Amazônia: ornamentado como os índios, com colares de contas na cintura, estampas com folhagens e desenhos esquematizados da vista aérea da copa das árvores; contas e colares que se infiltravam nas camisas; vestidos feitos com tecidos de camisaria e cortes de alfaiataria; flores nas lapelas, feitas de tecido. Verão 2004/05 [p. 64-9].

Um sonho de valsa: durante muitos anos Reinaldo pensou no chocolate Sonho de Valsa como tema para uma coleção. Um dia foi a um *show* de *rock* do grupo belga Vive la Fête. Uma das músicas tinha uma valsa como introdução. No verão 2006/07 [p. 36-43] foi tudo inspirado em valsa. Reinaldo imaginou saias amplas dos anos 1950 que dançavam uma realidade romântica com uma visão contemporânea e, naturalmente, ao som de valsa e *rock*.

Apocalipse now: jovens aristocratas do período eduardiano vagam pelo cenário futurista do filme *Mad Max* (1979), no inverno 2007 [p. 28-35]. Fim do mundo, deserto, falta de água, sobrevivência, instinto de defesa. De onde veio isso? *Mad Max* e *Blade Runner* (1982) estão gravados na memória de Reinaldo. O resto é criação. Casacos divididos por zíperes, vestes se transformavam em coletes, mangas longas em curtas. Aristocráticas estampas de madeira e madeira na passarela. Universos masculino e feminino se fundiam em peles, penas e plumas; festa e noite; marrom estampado no cetim; bordados com cristais, paetês metálicos e anáguas com penas de ganso pretas.

A fuga: no inverno 2001 [p.102-7], uma jovem princesa elegante foge aos prantos de um castelo para a floresta, com vestidos ingênuos e delicados cobertos pelo severo *manteau* emprestado por um soldado. Pantufas de cachorrinho dálmata e joaninha. Pérolas, jóias, colares. Clima austero de guerra, negro, militar.

Belle époque na África: uma das coleções preferidas de Reinaldo, verão 2001/02 [p.94-101], misturou o estilo vitoriano com a geometria das vestimentas tribais africanas. Corte, bordados e detalhes vitorianos em vestes com a cara de hoje. Usou a estrutura do *corselet* aparente em vez de escondido por baixo da roupa; tramas artesanais com canutilhos de metal, pretos e cores primárias em vestidos e máscaras tribais.

MARCA REGISTRADA

A idéia é só o ponto de partida. Ela precisa se materializar em tecido, forma, cor, movimento e estilo. Entra em cena o Reinaldo Lourenço operário de fábrica, um alquimista que busca transformar o metal inferior em ouro. Sua paixão pela técnica de costura, corte perfeito, acabamento impecável e trabalho manual vão na contramão da indústria da moda. Numa época em que a roupa é industrial, produzida em grandes quantidades, para um público cada vez mais numeroso, Reinaldo, mesmo integrado aos novos tempos, continua a utilizar tecidos nobres, bordados, incrustações; desenvolve processos de estamparia clássica e, simultaneamente, explora novas técnicas digitais. Para isso, mantém um ateliê bem estruturado com competências de boa costura e alfaiataria.

Suas coleções têm sua marca registrada. A roupa é moderna, mas a base é clássica. O clássico com um elemento entre o tradicional e a vanguarda, um equilíbrio entre a tradição e a originalidade do nosso tempo. Um estilo atemporal, um universo onde passado e presente se encontram.

O estilista começa suas criações seguindo as regras tradicionais da boa costura para depois dar ao design uma nova conotação: um detalhe, um novo acabamento, uma nova forma, misturas inusitadas. Essa liberdade só pode ser conquistada por quem conhece muito bem as convenções da costura e pode desafiá-las.

Reza a lenda que o Templo Ingu, no Japão, feito em madeira, existe há dois milênios. A cada vinte anos, ele é completamente destruído para em seguida ser iniciado o ritual da sua reconstrução. A primeira aconteceu no ano 690, a última em 1993. Assim, Reinaldo considera o estilista alguém que rouba do passado idéias que são desconstruídas para depois, com os mesmos elementos, construir uma nova visão. Ele não olha para o passado de maneira melancólica, mas como instrumento de aprendizado para criar.

Foi assim na coleção de inverno de 1999 [p.120-3], inspirada no barroco. O aspecto da tinta envelhecida das esculturas de anjos foi reproduzido com aplicações de silicone formando um desenho craquelado sobre as estampas. Por cima do *corset* de outros tempos, um casaco com um só lado. Sapatos de um dourado barroco desfilavam com vestidos geométricos e cores dos anos 1960.

A camisa de dândi da coleção verão 2004/05 [p.66-7] foi torcida, teve a forma inteiramente quebrada, a gola ampliada oito vezes. As calças largas, com volume, lembravam um pijama. A listras das estampas se desencontravam e formavam desenhos. Os fraques foram usados como saias.

PRECIOSISMO

No ateliê de Reinaldo uma grande parte do tempo é dedicada ao desenvolvimento de processos artesanais. Em uma veste da coleção inverno 2002 [p.91], utilizou a técnica de tapeçaria ao bordar a lã com fios de seda em variados tons de bege e creme. Do lado avesso, um mar de pontos e nós revela o imenso trabalho manual exigido para se obter a aparência suave, elegante e bela. O mais autêntico estilo renascentista a serviço de uma peça nada convencional, montada por laços. A veste poderia ter suas mangas destacadas e se transformar em um colete; o colete, por sua vez, poderia se tornar um minicolete.

O máximo da experimentação aconteceu na coleção verão 2001/02, batizada de Tribal *époque* [p. 94-101]: roupas inteiras feitas com a técnica do *smock* (casa de abelha); canutilhos e falsos paetês de metal aplicados em um tecido com uma textura frisada, feita inteiramente de tirinhas de tropical de lã, que variavam de um a dez centímetros, formando um plissado de frufrus emendados uns aos outros por um fio de elastano. Entre cada tira, um bordado. Cada peça levava uma semana para ser costurada.

A técnica de macramê foi aplicada na coleção verão de 2007/08 [p. 20-7]: uma série de nós em torno de um fio forrado de tecido. Na intersecção de cada nó, uma pedrinha de cristal bordada. A incrustação é outra constante nas coleções de Reinaldo. No inverno 1998 [p. 12-9], o veludo preto teve renda e bordado incrustados, e a gabardine de lã, uma renda metalizada.

Na coleção verão 2003/04 [p. 76-9], as fitas podem estar entrelaçadas, como na técnica de cestaria, aplicadas em bordados e até formando vestidos inteiros. Sem costura nenhuma, a própria trama constrói o molde.

Sem medo de errar, Reinaldo cria oposições. O leve e o pesado se integram na mistura de musselina com pedra. A pedra era o silício em pó formando triângulos faiscantes que ondulavam na musselina no verão 1998/99 [p. 124-7].

ATITUDE

Rebeldia, certa agressividade urbana e elementos *punk*, são marcas de Reinaldo. As correntes estarão lá, feitas de dançantes bolinhas de cristais (inverno 2005), de gigantescos elos de plástico colorido (verão 2003/04), baixo de um vestido de jérsei justo cor da pele (inverno 2007). Cintos militares (inverno 2001), sandálias de gladiador pretas (verão 2003/04), calças de couro (inverno 2007) formam um quadro não conformista.

Um jeito sensual faz parte do processo de Reinaldo de despertar o desejo. A sua roupa provoca uma experiência física e emocional, faz sentir o prazer do caimento, a sutileza das cores, a fragilidade da musselina, a sensualidade do cetim, o peso do veludo, o toque macio da seda, o tecido como uma segunda pele. Ele quer que a mulher se sinta feminina, forte e contemporânea. Declara que sempre quis fazer uma coleção tendo o sexo como tema. E fez: cintas ligas, saias justíssimas, estampas de serpentes, transparências, elementos de uma coleção sofisticada e elegante — o sexo *chic*. Desfilou a coleção inverno 2006 [p. 44-51] no teatro da FAAP, ao som da trilha de um clássico do erotismo, o filme *Emanuelle* (1974).

Dizem que um estilista não pode ser ao mesmo tempo um homem de negócios. É difícil exercer os dois papéis. Mas no mundo de hoje há pouco lugar para um sonhador que acha que não tem nada a ver com o lado comercial. Reinaldo aprendeu a duras penas que precisa conhecer não só as técnicas de costura, mas também as de gestão. Hoje ele toma conta de toda a empresa, cuida da imagem, cria as campanhas publicitárias. Para isso tem uma equipe de colaboradores que lhe dá suporte. Para o futuro, os planos são de abrir novas lojas; reforçar a imagem da marca e continuar a profissionalizar a empresa. Reinaldo tem pressa. Alguém duvida que seu desejo será satisfeito?

CRONOLOGIA

1962 Antonio Reinaldo Lourenço Siqueira nasce em Presidente Prudente (SP), em 25 de junho. Filho de Dirce Arana Siqueira, professora, e Reinaldo Lourenço Siqueira, diretor de escola. Irmão de Fabio e Maria Beatriz.
1963 Dener apresenta coleção *prêt-à-porter* no evento Moda Brasileira, promovido pela Rhodia, pelo Instituto Brasileiro do Café e pela revista *Manchete* em Roma. Aos dezessete anos, Mila Moreira é contratada pela Rhodia como modelo.
1969 Lançamento da revista *Desfile*, da Bloch Editores. A Rhodia comemora 50 anos no Brasil e apresenta seu maior desfile, *Stravaganza*, na FENIT.
1970 É criada a Associação Brasileira da Indústria Têxtil e de Confecção. Lívio Rangan funda o Clube Um, reunindo um grupo de dez tecelagens e vinte confecções, que reinventa a moda masculina no Brasil. Monique Evans começa a desfilar, aos catorze anos, para a Socila, escola de

etiqueta social no Rio de Janeiro que formou muitas modelos.

1971 Zuzu Angel apresenta desfile protesto no consulado do Brasil em Nova York. Inaugurada nova sede da tecelagem Santaconstancia, em São Paulo.

1972 Paco Rabanne mostra coleção de laminados e acrílicos na FENIT. As empresas da indústria têxtil formam o Consórcio de Moda Brasileira, em São Paulo, com a intenção de organizar eventos de moda. Dener lança sua autobiografia *Dener, o luxo*, pela editora Laudes.

Reinaldo pinta e vende lenços feitos pela costureira que trabalha em sua casa semanalmente.

1973 A editora Abril lança a revista *Nova*, edição brasileira da *Cosmopolitan*.

1975 É criado o grupo Moda Rio, primeiro núcleo organizado de estilistas com o objetivo de divulgar a moda do Rio de Janeiro. Lançamento da edição brasileira da revista *Vogue*, pela Carta Editorial. Regina Guerreiro é a editora. Fernando Louza começa a fotografar os desfiles europeus para a editora Abril.

1977 Começa a criar suas próprias roupas. Com ajuda de uma costureira cria *looks* completos que são adquiridos pelos amigos. Suas roupas fazem sucesso nas festas colegiais de Presidente Prudente.

1979 Criação do grupo Coordenação Industrial Têxtil, responsável por identificar tendências de estilo e desenvolver cartelas de cores. A convite da Rhodia, Marie Rucki, diretora do Studio Berçot de Paris, passa a vir anualmente a São Paulo ministrar cursos de estilo.

1980 É formado o Núcleo Paulista de Moda, do qual fazem parte Alcides, Armazém, Companhia Ilimitada, G. Confecções, Huis Clos, Le Truc, Rose Benedetti, Zoomp, entre outros.

Reinaldo conhece Gloria Coelho.

1981 Betty Prado ganha o concurso Face of the 80's (atual Supermodel of the World), promovido pela Ford Models.

Abre loja multimarcas, onde vende suas criações e peças compradas no Itaim, em São Paulo. A loja é decorada com um grande armário colonial colorido em laca e funciona durante seis meses.

1982 **Lançamento da revista *Claudia Moda*, da editora Abril, que tem Costanza Pascolato como editora. É formado o Grupo Mineiro de Moda, composto por Artimanha, Art-Man, Patachou, Renato Loureiro, entre outros. É fundada a escola de corte e costura Sigbol, em São Paulo, que ampliou seus cursos e hoje usa o nome Sigbol Fashion.**

Muda-se para São Paulo. Faz estágio por um ano na G, marca de Gloria Coelho.

1983 Trabalha com Costanza Pascolato na revista *Claudia Moda* como assistente de estilo. Freqüenta saraus organizados por Paulo von Poser e Vic Meirelles.

1984 **Elisabeth Senneville, Jean Paul Gaultier e Thierry Mugler apresentam suas coleções em São Paulo a convite da indústria de calçados Grendene.**

Passa a morar com Gloria Coelho. Reinaldo e Patricio Bisso se encontram toda sexta-feira para aulas de desenho com a amiga Rafaela Perucchi. Abre a Camisaria São Paulo, em sociedade com Zizi Carderari. Fica conhecido por suas camisas masculinas e pelos shorts de praia de tafetá para homens. Reinaldo permanece na sociedade por oito meses, até abrir a sua marca própria. A primeira coleção feminina é de vestidos de chita amarrados ao corpo.

1985 **Bob Wolfenson passa a fotografar editoriais de moda para a *Vogue*.** Participa das aulas ministradas por Marie Rucki. O curso, que na época durava um mês, dá a Reinaldo as primeiras noções de criação de produtos de moda para o mercado. Lança coleção inspirada no filme *Amadeus*, de Miloš Forman, baseado na vida de Mozart e Antonio Salieri [p. 144].

1986 **É formado o Grupo São Paulo de Moda, com as marcas Forum, Tráfico, T. Macchione, Tweed, além de parte do extinto Núcleo Paulista de Moda. É criada a Cooperativa de Moda de São Paulo, que reúne Conrado Segreto, Flávia Fiorillo, Jum Nakao, Maira Himmelstein, Marjorie Gueller, Silvie LeBlanc, Taisa Borges e Walter Rodrigues.**

1987 **É criado o primeiro curso de graduação em Moda, na Faculdade Santa Marcelina, em São Paulo. Fundação da agência de modelos Class.** Lança catálogo da coleção de inverno com fotos de Armando Prado.

1988 **Lançamento da edição brasileira da revista *Elle*.**

1990 **A Universidade Anhembi Morumbi, de São Paulo, cria o curso superior Negócios da Moda. Lançamento da edição brasileira de *Marie Claire*, da editora Globo, substituindo a revista *Moda Brasil*.** Nasce Pedro Lourenço, seu filho com Gloria. Inaugura loja na rua Bela Cintra, em São Paulo, com projeto do arquiteto Luiz Fernando Rocco. Faz seu primeiro desfile apresentando a coleção verão 1990/91 no Clube Harmonia, em São Paulo.

1991 **A Universidade Paulista lança o terceiro curso superior de Moda no Brasil.**

1992 **Acontece a Semana Leslie de Estilo (atual Fashion Rio) no Rio de Janeiro, comandada por Eloysa Simão. Erika Palomino passa a escrever a coluna Noite Ilustrada, no jornal *Folha de S.Paulo*.**

1993 É criado o curso de Moda na Universidade de Caxias do Sul, no Rio Grande do Sul. Fundação do Instituto Zuzu Angel, no Rio de Janeiro, que atualmente oferece cursos de Moda, em parceria com a Universidade Estácio de Sá, além de possuir vasto acervo de roupas de estilistas brasileiros e internacionais.

1994 O Senac São Paulo assina convênio com a escola de Moda francesa Esmod e lança, no ano seguinte, os cursos de Estilismo e Modelagem. É criado o curso de Moda na Universidade Federal do Ceará, em Fortaleza. Primeiro Phytoervas Fashion, em São Paulo, evento criado por Paulo Borges e Cristiana Arcangeli, com duas edições anuais até 1998, quando a marca foi vendida para um laboratório americano. Beto Lago e Jair Mercancini criam o Mercado Mundo Mix, espaço para a moda *underground* brasileira.

Com direção de Flavia Lafer e trilha de Laura Finocchiaro, Reinaldo apresenta sua primeira coleção masculina em desfile conjunto com Gloria Coelho na quadra de tênis do estádio do Pacaembu, em São Paulo. A inspiração é o final do século XVIII. Entre as modelos estão a atriz Regina Casé e a empresária Mary Nigri. Faz figurino inspirado nas roupas do cangaço para o espetáculo de dança *Forró for All,* do grupo República da Dança, com coreografia de Ana Mondini. Participa da bancada do júri da final nacional do Smirnoff International Fashion Awards. O evento, criado em 1984, busca um novo talento da moda mundial e teve sua primeira edição brasileira em 1992. Em setembro apresenta a coleção de verão 1994/95 no anfiteatro do colégio Sion, em São Paulo. Intitulada *Novo 80,* traz peças de cetim, paetês e lurex. O destaque são as estampas de cobra, onça e tatu com tratamento sintético. A trilha sonora é do iugoslavo radicado no Brasil, Suba, com vocal de Madalena Bernardes.

1995 É criado o curso de Moda na Universidade Veiga de Almeida,

no Rio de Janeiro. Gui Paganini passa a fotografar editoriais de moda para a revista *Elle*.

No mês de abril apresenta coleção de inverno na galeria São Paulo. Camisetas com tecido que brilha de acordo com a luz têm estampa criada por Cláudia Slinger inspirada nas placas de trânsito. Desfile da coleção verão 1995/96 no espaço Phabrica. São destaques o terno de cetim preto com gola branca e as peças de couro e renda.

1996 É criado o curso de Moda na Universidade Estadual de Santa Catarina, em Florianópolis. Primeira edição do Morumbi Fashion Brasil, em São Paulo. Durante sessão de fotos, Shirley Mallmann conhece a fotógrafa alemã Ellen von Unwerth e inicia sua ascensão internacional.

O verão 1996/97 é inspirado no pintor italiano Caravaggio e nos anos 1920 e 1980 [p. 143]. O cabelo das modelos faz referência a Elvis Presley. O desfile é elogiado pela crítica especializada por causa dos vestidos, dos volumes secos e alongados, além do acabamento e do uso inteligente de tecidos sintéticos. Apresenta a coleção de inverno com Gloria Coelho, no Memorial JK, em Brasília.

1997 Primeira edição da Semana de Moda, atual Casa de Criadores. O evento reúne jovens estilistas, criado por André Hidalgo, em São Paulo. A galeria Ouro Fino, na rua Augusta, em São Paulo, torna-se um centro de moda independente. Nas lojas são vendidas roupas de Alexandre Herchcovitch, Escola de Divinos, Hell's Club, A Mulher do Padre, Slam, Sommer, entre outros.

Apresenta desfile inverno 1997, com *smokings* desdobrados em capas e macacões e peças com estampas de teia de aranha. As referências para a coleção são a rainha Vitória, a atriz Lauren Bacall nos anos 1940 e a cantora Nina Hagen. Recebe o prêmio de melhor coleção feminina do Phytoervas Fashion. O desfile de verão tem como tema um planeta imaginário com

seres híbridos de homem e peixe [p.146,155]. As modelos entram em grupos usando vestidos estampados com estrelas. Carpas avermelhadas ilustram a segunda estampa da coleção, cujas peças-chave são vestidos-corseletes com barbatanas e *top* de escamas. É inaugurada loja no shopping Iguatemi, com portas de acrílico vermelho e chão de madeira africana.

1998 É criado o Centro de Educação em Moda do Senac, em São Paulo.

A coleção de inverno tem inspiração na sofisticação dos anos 1950, esportes radicais e besouros [p.149]. A trilha é de Felipe Venancio, que misturou na base eletrônica Glenn Miller, Erik Satie, Maria Callas e ruído de insetos. Recebe do Phytoervas Fashion o prêmio de melhor coleção feminina. Decide fazer um antidesfile para a coleção de verão 1998/99. É o único estilista que se apresenta fora do Jockey Club, onde acontece o Morumbi Fashion, apresentando no Museu da Casa Brasileira um desfile inspirado nas fotografias de Man Ray.

1999 É criada a Associação Brasileira de Agências de Modelos. Gisele Bündchen recebe o prêmio de melhor modelo do ano no Vogue Fashion Awards.

O desfile de inverno é realizado no Atrium do shopping Morumbi. O *styling* é da inglesa Julie Verhoeven. É um dos oito estilistas convidados pela Arezzo a criar modelo de sapato exclusivo. A coleção de verão 1999/2000, *Rock couture*, com tecidos gráficos e em *dégradé*, tem novamente *styling* de Julie Verhoeven.

2000 A marca catarinense Colcci é adquirida pelo grupo Menegotti, atual AMC Têxtil. É o início da criação de conglomerados de grifes no Brasil. Lilian Pacce passa a comandar o programa televisivo *GNT Fashion*.

A revista *Vogue* inglesa de fevereiro publica *look* de Reinaldo descrito como "o designer brasileiro de *hi-glam*" na reportagem "Going Underground". No dia 30 de janeiro apresenta coleção de inverno. A editora de moda inglesa Isabela Blow vem ao Brasil produzir editorial para a revista *The Face*, e peças de Reinaldo estão entre as escolhidas para ser fotografadas por Daniel Klajmic. Em maio é reinaugurada a loja da rua Bela Cintra após reforma de Arthur de Mattos Casas. Assina coleção para a marca Cori. Apresenta coleção *Pop*, de verão 2000/01 [p. 150]. Inaugura *corner* de novos estilistas na Les Galeries Lafayette, em Paris.

2001 Décima edição do Morumbi Fashion Brasil, quando este passa a se chamar São Paulo Fashion Week (SPFW). Primeiro Amni Hot Spot na Casa Rhodia, em São Paulo, evento que incentiva novos talentos da moda. É criado o Instituto Brasileiro de Moda, instituição voltada exclusivamente à área de negócios da moda.

Reinaldo cria quatro modelos de meias em parceria com a Lupo. O produtor musical e DJ Michel Gaubert assina a trilha sonora da coleção inverno 2001, que tem como tema uma mulher em fuga. Apresenta a coleção *Tribal époque*, de verão 2001/02, com referências como a silhueta da *belle époque* e o universo tribal. Assina os figurinos da peça *Antiga – A milagrosa história da imagem que perdeu seu herói*, de Dionisio Neto, com Helena Ignez e sua filha, Djin Sganzerla.

2002 Desfila a coleção inverno no SPFW. Cria, com a Denoir, fabricante de jóias de São Paulo, coleção de jóias com quinze peças de ouro branco e brilhantes marrons ou brancos. Em maio recebe o Prêmio Abitfashion de melhor campanha publicitária e melhor coleção feminina. Apresenta pela primeira vez dois desfiles no SPFW, um feminino e um masculino.

2003 É criada a Associação Brasileira de Estilistas. Primeira edição do festival Filme Fashion, idealizado por Alexandra Farah. Primeira edição do Floripa Donna Fashion, em Santa Catarina. O evento reúne desfiles de marcas catarinenses e de grandes grifes brasileiras.

O desfile de inverno 2003 é intitulado *Space Rock*. Reinaldo une tecnologia e arquitetura, design dos anos 1960 e Oscar Niemeyer em coleção *sport-chic*, unissex, com *looks* femininos e masculinos. As peças têm recortes de couro, tactel, tafetá metalizado, plush e camurça. Cria coleção de tênis masculino para a Le Coq Sportif. O traje esportivo ganha mais força em sua coleção de verão 2003/04, batizada de *Hip hop and roses*. Em setembro Reinaldo dirige um editorial especial de moda para a revista *Elle*.

2004 Coleção de inverno tem a caça como inspiração. As cores são preto, bege, laranja e cinza, em tecidos xadrez. Cria coleção para a Hering. As camisetas, com recortes, decotes nas costas e ombros vazados, fazem grande sucesso. Dandismo e Amazônia são os temas do verão 2004/05. A coleção *Tropical dândi* tem casacas desconstruídas, camisas brancas assimétricas em *looks* adornados por grandes contas indígenas, ora vermelhas, ora azuis. O *tressê*, recorrente no trabalho de Reinaldo, aparece grande, em tiras grossas e aspecto inacabado, com espaços abertos, expondo a pele das modelos. Reinaldo participa da exposição *Fashion Passion – 100 anos de moda*, na Oca, em São Paulo. É lançada a primeira coleção de esmaltes com cores exclusivas para a Risqué.

2005 Apresenta na FAAP coleção de inverno com *styling* do inglês Judy Blame. O desfile começa esportivo e glamoroso: parcas metálicas e douradas, mangas bufantes feitas de couro preto, tudo amarrado com cordões e pingentes típicos de cortinas de teatro. Vestidos feitos de veludo molhado na cor bordô finalizam o espetáculo de Reinaldo inspirado na ópera e nos grandes teatros do mundo. Cria vestido de chita com pompons para a exposição *A chita na moda*, no Museu da Casa Brasileira, em São Paulo. Isabeli Fontana usa vestido de Reinaldo na capa em edição especial Moda & *Estilo* da revista *Veja*, em maio. Apresenta coleção verão 2005/06, *Nova onda*, com base na alfaiataria do século XVII e no *rock* dos 1980. A cor branca predomina em camisas, peças em *laise* e babados em camadas curtas estampados em rosa ou azul.

2006 Erotismo, couro de cobra píton e tecidos de lã são os elementos da coleção inverno *Pornô*, inspirada na alta-costura do começo do século XX, apresentada no teatro da FAAP. Passa a anunciar seus bazares no canal televisivo de vendas Shop Tour, levando grande número de consumidores à sua fábrica. Ao lado de sete estilistas brasileiros apresenta sua coleção de inverno em *showroom* no Hotel de Crillon, em Paris. *Sonho de valsa* é o título da coleção verão 2006/07. Inspirada nos bailes dos anos 1950, é uma coleção jovial, com vestidos de cetim e de organza com pétalas de flores.

2007 Ocorre, no mês de junho, a décima edição do Fashion Business, no Rio de Janeiro, feira de negócios paralela ao Fashion Rio, que reúne grandes marcas, pólos de moda e designers.

Apresenta na FAAP o inverno 2007. As modelos desfilam roupas inspiradas na era eduardiana e na trilogia *Mad Max*, em cenário todo de madeira e com *styling* de Pedro Lourenço. Preto e cinza predominam entre zíperes e blusas, saias e vestidos feitos de finas correntes prateadas. Dirige editorial de moda para *Vogue* Brasil. As vinte páginas são estreladas pela modelo Isabeli Fontana com fotos de André Passos e Bob Wolfenson. No desfile da coleção verão 2007/08, intitulada *Jardim neoclássico*, estampas florais rosa sobre um tom bege de linho acetinado sobressaem entre as peças de ráfia e organza preta.

2008 A coleção de inverno é inspirada nos filmes de faroeste. Em *Cowboys* há espaço tanto para as dançarinas de cancã quanto para as *cowgirls* do século XXI. Participa do *showroom* Tranoi, em Paris. Inaugura loja no shopping Cidade Jardim e passa a ter um espaço próprio na Daslu.

CRÉDITOS DAS IMAGENS

Fotógrafos ©Agência Fotosite pp. 23, 38-41, 46-51, 54-57, 59, 61a, 66-67, 78-79, 81-83, 88-89, 91-93, 104-105a; André Passos pp. 34-35, 37, 42-43, 158-159; Bob Wolfenson pp. 13, 18-19, 21, 26-27, 144; Charles Naseh pp. 14-17, 22, 24-25, 29-33, 60, 61B-63, 71-75; Claudia Guimarães pp. 96-97, 155; Fernanda Calfat pp. 98-99, 105b, 110-113; Gui Paganini pp. 45, 53; Marcelo Krasilcic p. 125; Murillo Meirelles pp. 65, 68-69; Paulo Vainer pp. 143, 146, 149; Thelma Vilas Boas pp. 01, 04-05, 77, 85, 95, 100-101, 103, 106-107, 109, 115, 118-119, 121, 150.

Modelos Aline Weber pp. 29, 53, 60a, 65, 66a, 68-69; Ana Claudia Michels pp. 105a, 122a, 125, 127a; Beth Prado p. 144; Bruna Tenório pp. 25a, 38a; Camila Finn p. 14a; Candy Ames p. 16a; Carol Fagundes p. 149; Carol Francischini p. 66b; Carolina Pantoliano p. 22a; Caroline Ribeiro p. 155; Caroline Trentini pp. 30a, 46a, 56a, 62b, 87b; Cassiana p. 75a; Claudia Ferrabraz p. 143; Claudia pp. 111b, 126b; Daniele Mayer pp. 21, 27; Diane Conterato pp. 26, 39a; Drielle Valeretto pp. 17a, 57b; Drielly Oliveira pp. 17b, 24a; Elisa Kich pp. 74a; 86b; Fabiana Semprebom pp. 31a, 96b, 98, 104a, 111a, 112a, 113b, 116b; Fernanda Traviski p. 35; Gianne Albertoni p. 146; Inez Rhoden pp. 106-107; Isabeli Fontana pp. 54a, 74b, 91, 92a; Ives Kolling p. 53; Jeísa Chiminazzo pp. 54b, 57a, 63b, 71, 73a, 82b, 86a, 95, 100-101, 109, 126a; Jéssica Bertoncelo pp.13, 18, 45; Jéssica Pauletto pp. 43, 47b, 59; Juliana Aneli p. 79a; Juliana Arroyo pp. 61a, 67a; Juliana Imai p. 60b; Juliana p. 83a; Kin Noder pp. 39b, 41; Lara p. 150; Letícia Birkheuer pp. 63a, 71, 72a, 155; Liliane Ferrarezi p. 72b; Luciana Curtis p. 93b; Luiza Windberg pp. 13, 19, 30b; Manuela Tessari p. 15b; Marcele Bittar pp. 47a, 81, 99; Marcelo Boldrini p. 89a; Mariana Weickert pp. 105b, 110a, 113a, 122b, 127b; Marina de Sandiz p. 61b; Marta Penz p. 15a; Martha Streck p. 16b; Mayana Moura pp. 73b, 93a, 96a; Michelli Provensi pp. 31b, 55a, 83b, 92b, 97a; Patrícia Meurer p. 79b; Raissa Herberts pp. 37, 42, 53; Raquel Lieven p. 55b; Raquel Mayer p. 62a; Raquel Zimmermann pp. 85, 87a; Renata Klein pp. 56b, 75b; Renata Maciel p. 155; Sabrina Orthmann pp. 103, 112b, 115, 118-119; Sandra Steuer pp. 97b, 104b, 110b, 121, 123b; Sheila Klein p. 78a; Simone Villas Boas p. 78b; Solange Wilvert pp. 38b, 40, 46b; Stefania p. 32; Talit p. 77; Talytha Pugliese p. 116a; Tamara Wiggers p.45; Thiago p. 88a; Valentina Zelyazeva p. 67b; Vanessa Cruz pp. 14b, 24b, 34, 158; Vanessa Michels pp. 33, 34; Viviane Orth pp. 22b, 23, 25b, 45; Vlada pp. 48-49.

Agradecimentos 40 graus, Agência Fotosite, Augusto Mariotti, Blue Models, Charles Naseh, Ego, Elite Models, Esquimó, Flavia Lafer, Ford Models, Giovanni Bianco, L'Equipe Agence, Lumière, Marcos Costa, Mega Models, Pablo Peinado, Paulo Weisberg, Renata Cuono, Roberta Marzolla, Thelma Vilas Boas, Ten Models, Viva Models, Wagner Fernandes, Way Models.

A EDITORA FEZ TODOS OS ESFORÇOS PARA IDENTIFICAR AS MODELOS E FOTÓGRAFOS, E PARA LOCALIZAR OS DETENTORES DOS DIREITOS SOBRE AS IMAGENS. AGRADECEMOS QUALQUER INFORMAÇÃO A RESPEITO.

© Cosac Naify, 2008
© Reinaldo Lourenço, 2008

IMAGEM DA CAPA Pablo Peinado, 2008

coleção MODA BRASILEIRA

organização JOÃO RODOLFO QUEIROZ, REINALDO BOTELHO;
coordenação editorial MARIANA LANARI; editor assistente CAUÊ VM;
preparação REGINA PEREIRA; revisão TEREZA GOUVEIA;
projeto gráfico da coleção ELAINE RAMOS;
projeto gráfico deste volume ELIZABETH SLAMEK; composição VERUSCKA GIRIO
produção gráfica LETÍCIA MENDES

Dados Internacionais de Catalogação na Publicação (CIP)
(Câmara Brasileira do Livro, SP, Brasil)

Reinaldo Lourenço
São Paulo: Cosac Naify, 2008
160 pp., 162 ilust.

coleção Moda Brasileira ISBN 978-85-7503-669-3
ISBN 978-85-7503-615-0

1. Estilistas de moda — Brasil 2. Moda — Brasil
3. Lourenço, Reinaldo I. Série.
08-03643 CDD 746.92092

Índices para catálogo sistemático:
1. Estilistas brasileiros de moda: Artes 746.92092
2. Moda: Estilistas brasileiros: Artes 746.92092

COSAC NAIFY
Rua General Jardim, 770, 2º andar
01223-010 São Paulo SP
Tel [55 11] 3218 1444
Fax [55 11] 3257 8164
www.cosacnaify.com.br

Atendimento ao professor
[55 11] 3218 1473

PATROCÍNIO
MorumbiShopping

coleção MODA BRASILEIRA

Os dez títulos desta coleção contemplam nomes já consagrados que contribuíram individualmente para a consolidação da moda no país.

Cada volume reúne prefácio, ensaio crítico, cronologia e uma farta documentação fotográfica que pretende oferecer a estudantes, profissionais da área e interessados em geral, uma visão panorâmica do universo do estilista.

Ainda que em caráter introdutório, a coleção fornece, em seu conjunto, uma perspectiva histórica da moda brasileira a partir dos anos 1950, registrando de forma breve e pontual os principais fotógrafos, modelos, cursos, entidades e eventos da área nas últimas décadas.

1 Alexandre Herchcovitch
2 Gloria Coelho
3 Lino Villaventura
4 Ronaldo Fraga
5 Walter Rodrigues
6 André Lima
7 Clô Orozco
8 Lenny Niemeyer
9 Marcelo Sommer
10 Reinaldo Lourenço

fonte WHITNEY papel COUCHÉ FOSCO tiragem 5.000
pré-impressão ATRATIVA impressão KOMORI 8 CORES REVERSÍVEL, 200 LINHAS/CM^2 — GEOGRÁFICA